AF578257

Coran des temps modernes

Ismaël El Archi

Coran des temps modernes

Essai

LE LYS BLEU
ÉDITIONS

ISBN : 979-10-377-6727-1

Introduction
L'islam

Vous l'avez bien compris, à travers ce livre nous allons parler de religion (ou plutôt de théologie) et particulièrement d'islam. Mais avant d'en parler, il faudrait d'abord définir ce que c'est, afin de savoir ce que c'est, avant d'en parler. Qu'est-ce que l'islam ? Et qui te dira ce qu'est l'islam ? Est-ce la « soumission à Dieu » ou la « religion d'Allah », ou la « religion des prophètes » comme nous le disent nos imams, comme le disent les musulmans ?

Le mot « islam » veut dire soumission. C'est tout, rien de plus. Il ne signifie pas « soumission à Dieu » non, mais uniquement « soumission ». Là, je pense qu'il serait judicieux de se poser quelques petites questions et de méditer un peu. Soumis à quoi ? Soumis à qui ? Comment ? Pourquoi ? « Soumis à Dieu », vous dites ?

Je vais vous le dire à quoi, à qui les musulmans sont soumis : à une institution corrompue, à une doctrine erronée incohérente diabolique insensée liberticide, à un empire d'injustice dont ils sont les soldats idéologiques ou physiques qui veut toujours s'étendre et conquérir, à un ou des califes dictateurs extrêmement mal intentionnés et cruels, meurtriers qui ont le sang des enfants de Muhammad sur les mains en plus de celui de centaines de milliers, voire de millions de personnes. En bref, grosso modo, soumis à « Satan ». Oui, vous avez bien entendu. Je pèse mes mots, ils sont soumis au satan déguisé en jellaba qui prétend les guider vers le paradis. C'est facilement démontrable et prouvable alors je vais vous le démontrer et vous le prouver par a + b.

Il y a quelque chose que les prêcheurs sophistes islamistes aiment dire pour attirer toujours plus de partisans dans leurs filets, pour en faire de bons petits soldats de l'empire. Ils disent que « l'islam est la religion des prophètes et que tous les prophètes étaient musulmans » (y compris les juifs ; Jésus ou David, ou notre père Abraham qui a vécu au moins trois mille ans avant la création de cette secte appelée islam), c'est-à-dire, selon eux, « soumis à Dieu ». Voyez-vous comme ils jouent avec les mots pour tromper les gens et les attirer dans leurs filets ? En vérité, il n'en est rien, aucun prophète n'a prêché cette doctrine sectaire irrationnelle, et certains, comme le prophète Élie (Illiess dans le coran), ont même combattu des cultes très semblables à ceux de cette doctrine (le culte de Baal, vous verrez dans le prochain chapitre pourquoi il était si semblable à ce que l'on peut voir le mois de Dhu-l-hija à la Mecque). Non, aucun n'était musulman et ne prêchait ce qu'on appelle islam, d'ailleurs l'islam n'existait pas encore, comment peuvent-ils avancer de telles absurdités sans rougir, sans en avoir honte ? Pas même le Messie, qu'ils prétendent attendre, dont les paroles, les actes, la pensée, la doctrine s'opposent brutalement avec l'islam.

En effet, c'est le jour et la nuit, le blanc et le noir, la lumière et les ténèbres. Je crois qu'on ne peut pas faire plus opposé que cela. En vérité, l'islam est contre le Christ, clairement, à tous les niveaux, et donc est carrément anti-Christ. Vous verrez pourquoi tout au long de ce livre. Ce n'est pas la religion des prophètes mais une religion qui se sert des prophètes pour faire ses affaires, politiques et économiques, notamment.

Mensonges énormes, immenses injustices, massacres très sanglants et très meurtriers, escroqueries gigantesques, impostures et vols sans précédent, fausses accusations et diffamations permanentes, les péchés soi-disant impardonnables pour Dieu comme le shirk (associationnisme) et l'idolâtrie en permanence. Péchés pour lesquels il n'y aurait pas de pardon ni de miséricorde, si on en croit la doctrine islamique, esclavage, etc., et j'en passe. Voilà de quoi est fait ce que les musulmans appellent la « religion d'Allah ». Moi, je vous le dis en vérité c'est plutôt une des sectes du diable.

En effet, le mot « sheitan » vient de l'hébreu et veut dire « adversaire » ou « accusateur ». L'islam (ou du moins les musulmans) passe son temps à accuser les autres (chrétiens, juifs, non religieux) des plus grands péchés alors qu'eux-mêmes baignent dedans sans s'en rendre compte. L'islam prend également ceux qui n'adhèrent pas à sa doctrine pour adversaires, et quel farouche adversaire est l'islam pour le reste du monde ! L'islam est donc une religion de « sheitan » (en effet, ce mot est à la base, dans la bible, un adjectif et non une entité ou un individu). Les chrétiens ou les juifs eux n'accusent jamais les musulmans et ne les prennent pas pour adversaires. Pour ma part, je n'accuse pas les musulmans, je constate seulement, et quel malheureux constat !

Pourquoi ai-je voulu écrire sur ce sujet plutôt sensible ? Pourquoi écrire sur l'islam ? Parce que l'islam, on ne peut pas le cacher, est un grand problème de ce monde, il n'y a qu'à allumer sa télévision pour s'en rendre compte, il n'y a qu'à discuter avec un musulman pour se rendre compte qu'il y a chez eux un sérieux problème en termes d'idéologie et de croyance. Les imams insensés disent de toutes ses dérives (comme le terrorisme par exemple) : « Non. Ça, ce n'est pas l'islam ! Non, ce ne sont pas des musulmans ! C'est pas ça l'islam ! » Eh bien si ! Justement ! L'islam, c'est bien ça ! Il n'y a qu'à lire certains passages du Coran, ou des hadiths (traditions, paroles de Muhammad) pour s'en rendre compte. Certains versets du Coran (ou paroles de Muhammad), plus que d'inciter à la haine, la commandent, l'ordonnent même aux fidèles. Les barbares diaboliques qui terrorisent et persécutent les populations du monde sont en réalité ceux qui appliquent le Coran et les traditions à la lettre, sans interprétations quelconques. « L'islam, ce n'est pas ça » ? En vérité, je vous le dis, la pomme tombe près du pommier et on reconnaît l'arbre aux fruits qu'il porte.

En effet, il n'est pas dit « si vous voulez, vous pouvez combattre ceux qui ne croient pas […] », mais il est dit à l'impératif « Combattez ceux qui ne croient ni en Allah ni au Jour Dernier, qui n'interdissent pas ce qu'Allah et son messager interdissent et qui ne professent pas la religion de vérité, parmi ceux qui ont reçu le Livre (bible) jusqu'à ce qu'ils versent la capitation (taxe, impôt) par leurs propres mains, après s'être humiliés », sourate 9 verset 29. Ou « [...] et s'ils se détournent, emparez-vous d'eux et tuez-les où que vous les trouviez », encore une fois à l'impératif (c'est un ordre, un commandement) à la sourate 4 verset 89 ; la formule « tuez-les où que vous les trouviez » est répétée au verset 90 de cette même sourate. Ou encore : « Lorsque vous rencontrez ceux qui ont mécru, frappez-en les cous. Puis, quand vous les avez dominés, enchaînez-les solidement [...] », sourate 47 verset 4. Ou encore « [...] Où qu'on les trouve, ils seront pris et tués impitoyablement », sourate 33 verset 61. Ou encore, à la sourate 8 verset 12 : « [...] Frappez-les donc au-dessus des cous (ou coupez leurs têtes, selon la traduction) et frappez-les tous les bouts de doigts (ou coupez-leur les doigts) ». Ou encore, « [...] Tuez les polythéistes, où que vous les trouviez, faites-les prisonniers, assiégez-les et préparez-leur une embuscade [...] », sourate 9 verset 5.

Bien plus qu'une exhortation ou une incitation, le coran commande, ordonne souvent de combattre ou de tuer. Et que dire de ces hadiths où l'on peut voir Muhammad décapiter sans pitié des gens, certains islamistes insensés prennent cela pour exemple. Ces épouvantables, horribles décapitations des soldats de DAESH sont inspirées de sourates et de hadiths, pareil pour les immenses injustices et persécutions qu'ils commettent, notamment envers les chrétiens d'Orient, dont un grand nombre fut massacré par des musulmans barbares et diaboliques. Et qu'on ne me dise surtout pas « ce ne sont pas des musulmans, ce n'est pas ça l'islam ». Si, ils le sont, car ils font leurs salats (prières rituelles) 5 fois par jour, connaissent souvent le Coran, se laissent pousser les barbes pour ressembler à leur prophète et font tout pour lui ressembler. Pourtant il est indéniable que ceux-là sont des soldats du diable, voire des diables. L'islam, c'est le jihad, c'est la guerre. Et ce n'est pas moi qui le dis mais les plus éminents « savants » et autorités islamiques de l'université Al Azhar du Caire, plus grande université islamique du monde et de l'histoire.

Il n'y a pas un problème avec « une certaine interprétation de l'islam » qui conduirait à l'islamisme, non ! il y a un sérieux problème avec l'islam lui-même, car l'islam est et a toujours été un grand problème qui a causé et cause aujourd'hui encore de nombreux maux aux quatre coins du monde. Du début à la fin de sa création jusqu'à nos jours (nous verrons au dernier chapitre de ce livre l'histoire sanglante et meurtrière de cette secte), ce n'est que massacres, injustices, hécatombes, invasions, corruptions et j'en passe. L'islam s'est diffusé et propagé par la violence, par l'épée, par le sang, par la guerre et a été imposé aux populations, tandis que le christianisme lui se diffusa dans le monde par la parole, l'amour, la raison et le Saint-Esprit, et ce sans la moindre violence.

Rappelons qu'un des attributs/noms de Dieu en islam c'est As Salam (la Paix), et Il est appelé « Dieu de paix » dans le Nouveau Testament. Pourtant, l'islam c'est la guerre ; de sa naissance jusqu'à nos jours, c'est la guerre. Si Dieu est la Paix, et que Satan est l'opposé de Dieu, alors Satan c'est la guerre.

Pourquoi ce besoin d'écrire sur l'islam ? Parce que la raison, la logique et la connaissance de Dieu tendent à me faire croire (ou plutôt savoir) que les musulmans se dirigent tous (ou presque) vers ce qu'ils redoutent le plus : l'enfer, la Géhenne. Tout en se croyant promis au paradis car on a dit une fois dans notre vie « La ilaha ilAllah, Muhammad ar rassulullah ». Nous avons affaire à un grand troupeau docile, soumis, guidé par un satan habillé en jellaba qui les amène à l'abattoir. Le troupeau ne se pose pas de question, il ne raisonne pas, il ne médite pas… mais préfère dire et répéter que le reste du monde est fait de mécréants de l'enfer et qu'il est dans la vérité, la vérité absolue même en dehors de laquelle il ne pourrait y avoir de vérité. Il n'en est rien. Il ne prend pas la peine de se « regarder dans la glace », de s'autocritiquer, de se connaître lui-même (et de connaître les autres), ou de se remettre en question, jamais. Muhammad a dit dans un hadith (jugé sahih, authentique) très connu que « sa communauté se divisera en 72 groupes/sectes et que tous iront au Feu ; sauf une seule d'entre elles, qui sera sauvée ».

À travers ce petit ouvrage, vous apprendrez à connaître réellement ce qu'est la doctrine islamique, et vous verrez à quel point elle est incohérente, irrationnelle et mensongère. Vous verrez à quel point elle est une imposture, une escroquerie sans pareille dans l'histoire. Et surtout, vous verrez à quel point cette secte et sa doctrine sont anti-christique, s'opposent brutalement, farouchement, violemment au Messie (et sa parole, son message, ses enseignements) que les musulmans prétendent attendre, celui qu'ils appellent Isa al Massih, Isa ibnou Meriem, à savoir Jésus Christ. Il y a même de fortes chances pour que le fameux « massih ad dajjal » (le faux messie, l'anti-christ, si toutefois il existe…) soit musulman, prêche l'islam, ou même qu'il soit l'islam (et les musulmans) symboliquement parlant. Si cet hypothétique faux messie anti-christ vient à prêcher une doctrine religieuse, ça ne pourrait être que l'islam, qui est faux. Et que dire du fameux « Imam al Mahdy » qui, selon la tradition, rétablira la justice sur Terre aux côtés de Jésus à la fin des temps ? Les musulmans prétendent attendre cet imam bien guidé, ainsi que le retour de Jésus. Mais dites-moi comment un homme qui suit le Christ, qui est avec le Christ, qui est même l'associé du Christ, pourrait adhérer à une doctrine (islam) qui s'oppose brutalement et violemment au Christ et ses enseignements ? En effet, ce fameux Imam al Mahdy ne peut être que chrétien, ou « christien », ou pro-christ, et non pas contre le Christ, anti-christ comme cette secte et sa doctrine. C'est on ne peut plus logique.

L'islam est faux, c'est un mensonge, probablement le plus gros mensonge de l'histoire de l'humanité, qui dirige ses fidèles vers l'hypothétique Enfer, la Géhenne. Si on est croyant, et logique, et sensé, eh bien on en vient à la déduction que les musulmans se dirigent vers l'enfer, si l'enfer existe (je ne l'ai jamais vu de mes yeux…). Et le pire, c'est que si l'on quitte cette secte mensongère, on nous tue. On est sur le champ condamné à mort (du moins dans les pays musulmans) pour apostasie. Telle est la loi de l'islam, qu'on appelle charia : si on quitte cet énorme mensonge, si l'on refuse l'imposture qui nous guide vers la Géhenne, alors on nous condamne à la peine de mort. C'est effroyable et impitoyable, quelle cruauté ! Quelle injustice ! Et vous verrez à travers ce coran des derniers temps que ce n'est pas la seule grande injustice de cette doctrine, bien au contraire, les grandes injustices sont nombreuses. Et sachez que Dieu déteste les injustes, car Il est Juste, alors Il ne peut pas aimer ces religieux injustes qui se croient promis au paradis, mais qui sont en réalité bien plus semblables à des « chiens de l'enfer » qui souffriront comme ils ont fait souffrir de nombreux innocents, par la persécution et le meurtre institutionnel.

À travers ce petit ouvrage de cinq chapitres, nous verrons premièrement le Coran, nous apprendrons à bien le connaître, vous saurez ce qu'est vraiment le coran et vous aurez sans doute des surprises si vous êtes un bon adepte de la doctrine islamique. Vous apprendrez l'histoire du Coran qui n'est pas tombé, descendu du ciel comme peuvent le croire la majorité des musulmans.

Deuxièmement, nous traiterons du sujet de la Kaaba, de la Mecque et son pèlerinage, je vous promets des révélations bouleversantes. Vous verrez à quel point c'est une escroquerie et un vol monumental, sans pareil dans l'Histoire.

Troisièmement, nous étudierons le cas du prophète Muhammad, qui il était véritablement, qui il était vraiment, son parcours et sa dite « révélation », vous en apprendrez sur lui et le verrez d'un tout autre œil après la lecture de ce chapitre.

Quatrièmement, nous aborderons le sujet de la loi, la prétendue loi de Dieu, supposée sortie de Sa Parole.

Rien que ça, cette absurdité cette injustice qu'ils appellent charia, nous verrons qu'elle n'a aucun sens et qu'elle est même contre Dieu. Il y aura aussi dans ce chapitre des réflexions sur la notion de péché, la notion de halal et de haram sous un œil rationaliste, sage et savant.

Et pour finir, le cinquième chapitre traitera d'une partie de l'histoire sordide de l'islam depuis sa fondation, en parlant notamment du triste sort qu'ont eu les enfants descendants de Muhammad, la plupart persécutés et/ou assassinés par des autorités corrompues, du début à la fin, à partir de Fatima qu'on appelle reine des femmes du paradis, ses enfants Hassan et Hussein que le prophète embrassait sur la bouche, jusqu'à mon ancêtre Idriss quelque temps plus tard, en passant par certains qui furent de célèbres martyrs, quelles grandes persécutions ont subi les enfants et les descendants de Muhammad.

Ensuite viendra la conclusion pour boucler cet ouvrage, afin de dresser un constat, et d'en tirer des conclusions. Et quelles surprenantes conclusions ! Voici quelques-unes (il y en a d'autres) des « révélations que l'Éternel a faites au fils d'Abraham » au sujet de ce qu'on appelle islam.

Le mot « Coran, Qur'an » en arabe veut dire « le récit, ou texte que l'on récite », rien de plus, ça ne veut pas dire « parole de Dieu » comme peuvent le penser certains musulmans. Le mot « Sourate » veut (seulement) dire « chapitre » en arabe, alors je vous donnerai une petite sourate de manière tout à fait spontanée sans vraiment réfléchir à la fin de chaque chapitre dans le but de vous inviter à la méditation (la méditation, c'est pousser quelque chose à une longue et profonde réflexion). Voilà donc la première, que l'on pourrait peut-être intituler « Sourate al Islam ».

Tu m'as toujours dit nuits et jours,
Que l'Islam était la vérité absolue,
L'Ange Gabriel a dit : « Lis » et j'ai lu,
Et les religions, j'en ai fait le tour,
Oui, j'ai fait le tour de toutes les religions,
Et fais de très lourdes révélations,
En effet, la religion vous joue des tours,
Vous détourne de la bonne direction,
Vous aurez la mauvaise destination,
Parce que vous vivez sans amour,
Je parle de l'enfer et ses flammes,
Où l'air y est plus chaud qu'un four,
Alors Islam je te reprends mon âme,
On voit des hommes se faisant décapiter,
On voit des femmes se faisant violer,
Ton imam dit ce n'est pas ça l'islam,
Mais la pomme tombe près du pommier,
Tout comme vous voilez vos femmes,

Vous voulez tant voiler la vraie vérité,
Cette Sainte Vérité que vous détestez,
La vraie vérité que vous détestez tant,
Je m'adresse à tous les musulmans,
Vous êtes tous guidés par le satan,
Se faisant passer pour le bon croyant,
Mais qui vous prend tout votre argent,
Vous rend moins intelligent qu'un enfant,
Endoctrinement venant de soi-disant savants,
Qui sont moins intelligents que les enfants,
Vos savants font de vous des morts-vivants,
Des aveugles guidés par des non-voyants,
Tomberont dans le fossé malheureusement,
Mais vous serrez guidé par le Dieu Clément,
Tout miséricordieux et Tout Puissant,
Qui nous a tout donné gentiment,
Mais qui peut nous infliger le châtiment,
À tous, les petits comme les grands,
Islam tu fais couler tant de sang innocent,
Que Dieu vous guide sur ses sentiers,
Et que vos nuisances vous cessiez,
Vous abandonnerez ce comportement,
Ce comportement insensé et indécent,
Quand vous lirez ce coran des derniers temps.

Le Coran

Qu'est-ce que le Coran ? Et qui te dira ce qu'est le coran ? Le coran, ça veut dire le texte que l'on récite ou bien le Récit, en arabe, ça ne veut pas dire « parole de Dieu » comme peuvent le croire la majorité des musulmans.

Et d'où vient-il ? Comment est-il apparu ? La doctrine officielle sunnite largement majoritaire nous enseigne que le coran est incréé, qu'il n'a pas de début ni de fin qu'il a existé avant le monde et qu'il existera après le monde, à l'image de Dieu. Mon Dieu, quelle aberration logique ! Si le coran n'a pas été créé, alors il n'existerait pas tout simplement. Tout effet a une cause ; si le coran existe, c'est qu'on lui a donné une existence, et donc qu'on l'a créé.

La grande majorité des musulmans pensent que le coran est descendu du Ciel, que c'est la parole directe de Dieu, que Dieu parle à travers ce livre. Aberrantes superstitions. Cette parole ne peut être l'œuvre d'un Dieu parfait, tant le texte est plein d'erreurs et d'incohérences, et qu'il reflète la pensée d'un homme arabe de l'Antiquité. Les musulmans commettent ici le plus gros de tous les péchés de l'islam, le seul qui selon cette même doctrine sunnite ne serait pas pardonné ou pardonnable par Dieu ; à savoir le **shirk,** c'est-à-dire **l'associationnisme** (qui est le fait d'associer quelqu'un ou quelque chose à la personne de Dieu).

En l'occurrence, c'est ici la figure de Muhammad qui est associé à Dieu.

En effet, les paroles du coran sont sorties de la bouche de Muhammad, à la base, puis mises à l'écrit par ses compagnons, selon la thèse islamique officielle qui affirme que le prophète était illettré.

Il n'est pas descendu du ciel contrairement à ce que la majorité des musulmans pensent et prétendent.

Nous verrons à travers quelques exemples tout bêtes mais logiques que le coran est la parole de Muhammad à la base, et pas celle de Dieu (notamment, qui prie et demande à Dieu à la première personne et 3e personne du singulier pour Dieu).

Ce serait donc un grand péché de croire ou dire que c'est la parole de Dieu, ce que font tous les imams du monde en disant et répétant systématiquement « Allah a dit ceci » « Allah a dit cela ».

Alors que non, c'est le coran qui dit, pas Allah, ou alors Muhammad qui dit.

L'exemple des petites sourates, à commencer par la première la plus importante et la plus connue des musulmans. AL FATIHA

Je cite :

1. Au nom de Dieu, Miséricordieux et Clément,
2. Louange à Dieu, Seigneur de l'univers,
3. Le tout Miséricordieux, le Très Miséricordieux,
4. Souverain du jour du Jugement,
5. C'est **Toi que nous adorons, Toi de qui le secours nous implorons,**
6. **Guide-nous vers la voie de rectitude,**
7. **La voie de ceux que Tu as** gratifiés, non pas celle des réprouvés, non plus ceux qui s'égarent,

Nous voyons clairement sur cette fameuse sourate que c'est une parole humaine destinée à Dieu, et pas une parole de Dieu destiné à l'Homme.

C'est une prière d'Homme pour Dieu, Dieu ne se prie pas lui-même et ne se parle pas à la deuxième personne du singulier.

On le voit dans de nombreuses sourates, nous allons voir quelques autres exemples.

De plus, le Coran comporte de nombreuses erreurs et incohérences qui prouvent clairement que ce livre est l'œuvre d'un être humain imparfait et non pas celle d'un Dieu parfait.

En islam, le croire, que le Coran est parole humaine, c'est considéré comme un grand péché d'apostasie, apostasie qui est condamnée à mort par la loi islamique de la charia, avec hadith du prophète très imparfait à l'appui.

Bref, revenons-en aux paroles humaines du Coran.

Voici de nombreuses erreurs du Coran :

Erreur 1 – le coran dit que les chevaux, les mules et les ânes ont été créés pour les hommes, créés pour être montés par les hommes. (S16 V8) Mais c'est faux, ils ont été progressivement domestiqués sur une très très longue période, avant cela, c'étaient des animaux sauvages.

Erreur 2 – Sourate 37 verset 6 : « En effet, Nous avons décoré le ciel le plus proche avec un ornement d'étoiles. » Le coran dit que le monde est fait de 7 cieux, et que vraisemblablement, au 1er ciel il y aurait les étoiles qui ne seraient que de simples ornements alors que l'on sait aujourd'hui qu'elles sont extrêmement éloignées et que leurs tailles dépassent de loin celle du soleil. Dans un autre verset, il est écrit que les étoiles sont des missiles jetés sur les démons, je dis foutaise, superstition.

Erreur 3 – Il est écrit au verset 38 de la sourate 6 : « Nulle bête marchant sur terre, nul oiseau volant de ses ailes, qui ne soit comme vous en communauté ». Mais c'est faux car beaucoup d'espèces d'animaux comme le paresseux ou le scarabée, même des oiseaux qui vivent en solitaire et pas en communauté.

Erreur 4 – Le coran ne parle absolument pas du cerveau de l'être humain, et attribue les facultés de penser, de ressentir des émotions tel que la rancune ou le doute, ou encore l'ignorance et l'intelligence, l'intention même, il attribue tout ça au cœur. Exemple :

Sourate 7 verset 179 : « Nous avons destiné beaucoup de djinns et d'hommes pour l'Enfer (petite parenthèse, c'est illogique car la notion de Jugement Dernier omniprésente en islam perd tout son sens, pourquoi est-on jugé si Dieu est responsable de nos actes et contrôle notre destin, bref). Ils ont des cœurs, mais ne comprennent pas, ils ont des yeux, mais ne voient pas, ils ont des oreilles, mais n'entendent pas. » C'est typique de la pensée d'un homme de l'Antiquité de croire que le cœur fait ça, ça ne ressemble vraiment pas à la pensée d'un Dieu omniscient et savant, qui ne pourrait se tromper de la sorte.

Erreur 5 – Le lait selon le coran. Sourate 16 verset 66 : « Il y a certes un enseignement pour vous dans les bestiaux : Nous vous abreuvons de ce qui est dans leurs ventres – [un produit] extrait du [mélange] des excréments [intestinaux] et du sang – un lait pur, délicieux pour les buveurs. »

Selon ces versets, le lait serait issu d'un mélange d'excréments et de sang, ce qui est totalement faux. De plus, il est indiqué que ce lait est pur mais on sait aujourd'hui que le lait tout juste sorti d'une vache est infecté de bactéries et ce n'est pas tout le monde qui le tolère.

Erreur 6 – Le soleil et la lune « en orbite ». En 36.40, 21.33, et 91.1, il est écrit que le soleil et la lune sont en orbite et se suivent l'un et l'autre. Or on sait de nos jours que c'est faux. Également en sourate 36 verset 26 « le soleil se dirige vers son lieu de repos », en 18.86 « Il trouva le soleil en train de se poser dans une source de boue sombre »… et là, c'est sans commentaire.

Erreur 7 – Il est écrit en sourate 2 verset 29 et en sourate 41 verset 10 à 12 que les cieux et les étoiles ont été créés après la Terre. Ce qui est faux bien entendu.

Des erreurs de ce genre il y en a beaucoup d'autres, et des contradictions aussi, des versets qui se contredisent les uns les autres ; Et c'est la preuve que nous avons affaire à une œuvre d'origine humaine faillible et non divine infaillible.

De plus, il faut ajouter que la réelle nature du coran est très loin de tous les préconçus et croyances musulmanes. Non il n'est pas descendu du ciel et révélé comme par miracle, il a une histoire, une longue histoire. Le coran dont nous disposons aujourd'hui n'est évidemment pas le coran originel sorti de la bouche de Muhammad, puis écrit et compilé plus tard par ses compagnons. Il a subi des changements à travers le temps. En fait, au début il n'y avait pas un coran mais des corans : coran de Koufa, de Damas, de Médine, de la Mecque, les corpus de son secrétaire personnel Ibn Masud ou de son genre Ali, et tous étaient différents les uns des autres, on retrouvait certaines sourates qu'on ne retrouvait pas dans d'autres corpus. Un seul coran a été retenu et tous les autres furent détruits ou brûlés. La version du coran que nous avons, celle qui a été retenue, c'est celle du calife Othman, qui était à la base écrit sans voyelles ni points diacritiques qui servent à distinguer la lettre Ba du Ya, ou le Noun du Ta ou du Tha, le Ssad du Dhad… etc. Bref, ça laisse place à des milliers de possibilités coraniques, mais une, des siècles après a été retenue. En plus, il y a des ajouts qui ont été faits par certains califes, selon les sources islamiques.

Grosso modo, le coran n'est pas la parole de Dieu.

Ne dis pas que Allah a dit,
Ou tu t'éloignes du paradis,
En vérité, je te le dis,
C'est le Coran qui dit,
Dieu n'écrit pas des bouquins,
Que tu trouves en librairie,
En effet, il n'est pas écrivain,
Et n'a rien écrit de ses mains,
Le croire ne serait que maladie,
C'est ce que veut la Malin,
Ou encore le malsain esprit,
Je dirai aux musulmans,
Qu'on vous ment, on vous ment,
Tous ces soi-disant bons croyants,
Qui vous manipulent gentiment,
Je vous le jure par Dieu,
N'ont pas leur place dans les cieux,
Attention au châtiment,
Mesdames et messieurs

Le prophète Muhammad

Le prophète Muhammad, qui était-il vraiment ? L'immense majorité des musulmans pensent, croient, et disent tout haut que le prophète de l'islam était parfait, sans aucun défaut et qu'il n'aurait jamais commis aucun péché. « La meilleure créature de l'univers » selon le dogme islamique et selon les dires de mon oncle, imam à Tours. Et en islam, chez les musulmans c'est un grand péché, un blasphème, voire un crime (en Arabie Saoudite, c'est la peine de mort pour apostasie ou blasphème) de penser ou dire le contraire, dire que non, Muhammad a lui aussi commis des péchés et il n'était pas sans défaut, loin de là. Les musulmans ne connaissent pas leur prophète, voilà pourquoi ils croient en de telles sottises, s'il y'a des caricatures sur cet individu c'est qu'il en était une, quelque part, y a vraiment de quoi caricaturer. C'était une personne extraordinaire mais qui a commis de nombreux crimes contre la dignité humaine et donc des péchés. En effet, Muhammad a tué de très nombreuses personnes, menti, volé, il était obsédé sexuel (il avait 12 épouses, ainsi que des concubines et des esclaves sexuelles qui étaient souvent des « butins de guerre ») et pédophile, il a même « fait descendre » des soi-disant révélations pour ne pas que les gens le dérangent ou pour s'approprier de droit de posséder toutes les femmes de la planète. Muhammad a même été esclavagiste, il a acquis, vendu, échangé des esclaves, y compris esclaves sexuelles qu'il a « offert » en cadeau à son gendre et cousin Ali.

Le prophète pédophile, selon les sources islamiques, deux recueils principaux de hadiths, paroles et histoires du prophète. Livres sacrés de l'islam, qui fait sa loi presque autant que le Coran.

Hadith (Bukhari) : *Urwa Ibn az-Zubayr a dit : « Khadija mourut trois ans avant le départ du Prophète pour Médine. Après être resté veuf deux ans, ou un espace de temps approchant,* ***le Prophète épousa Aïcha qui avait alors six ans, puis il consomma son union avec elle quand elle eut neuf ans****. »*

Hadith (Bukhari) : *D'après Aïcha, l*e ***Prophète l'épousa alors qu'elle avait six ans ; le mariage fut consommé quand elle avait neuf ans*** *et elle resta avec le Prophète neuf ans.*

Hadith (Bukhari) : *Aïcha a dit : «* ***J'avais six ans lorsque le Prophète m'épousa****. Nous nous rendîmes à Médine et descendîmes chez les Banu al-Harith Ibn Khazraj. J'avais eu la fièvre et perdu mes cheveux ; mais ils repoussèrent abondamment et arrivèrent jusqu'au coude. Ma mère, Umm Rûmân, vint me trouver alors que j'étais sur une balançoire, entourée de mes camarades. Elle m'appela et je me rendis auprès d'elle sans savoir ce qu'elle voulait de moi. Elle me prit par la main, me fit rester à la porte de la maison jusqu'à ce que j'eusse pris mon souffle. Elle prit alors un peu d'eau, m'en frotta le visage et la tête, et me fit ensuite entrer dans une maison où se trouvaient des femmes des Ansâr qui me dirent : "À toi le bonheur, la bénédiction et la meilleure fortune !". Ma mère m'ayant livrée à ces femmes, celles-ci se mirent à me parer, et j'avais à peine fini que l'Envoyé de Dieu entra. A***lors on me remit entre ses mains. J'avais alors neuf ans****. »*

Hadith (Muslim) : *Aïcha a dit : «* ***J'avais six ans lorsque le Prophète m'épousa et neuf ans lorsqu'il eut effectivement des relations conjugales avec moi.*** *Quand nous nous rendîmes à Médine, j'avais eu de la fièvre un mois durant et mes cheveux avaient poussé jusqu'à mes épaules. Ma mère, Umm Rûmân, vint me trouver alors que j'étais sur une balançoire, entourée de mes camarades. Quand elle m'eut appelé, je me rendis auprès d'elle sans savoir ce qu'elle voulait de* *moi. Elle me prit par la main, me fit rester à la porte de la maison jusqu'à ce que j'eusse pris mon souffle. Elle me fit ensuite entrer dans une maison où se trouvaient des femmes des Ansâr qui me dirent : "À toi le bien, la bénédiction et la meilleure fortune !". Ma mère m'ayant livrée à ces femmes, celles-ci me lavèrent la tête et se mirent à me parer. Or, rien ne m'effraya et quand l'Envoyé d'Allah vint dans la matinée ; elles me remirent à lui ».*

Et de ce fait, de nombreux « savants » et/ou docteurs de la loi en islam autorisent le mariage avec des enfants, des fois même avec des nourrissons, et le sexe, hormis la pénétration et autorise la pénétration vaginale à partir des 9 ans de la mariée. La pédophilie en islam est autorisée et clairement inspirée du prophète Muhammad. C'est tout à fait monstrueux et répugnant, si toutefois on a un cœur pour ressentir les choses et une certaine raison pour s'en rendre compte. Il est clair que du point de vue de la morale, c'est un grand péché, un crime même. Il n'y a pas longtemps, je discutais avec un musulman qui me disait que coucher avec une fille de 9 ans, ce n'est pas de la pédophilie. Incroyable mais vrai. Qu'est-ce que c'est alors ? La pédophilie c'est le fait d'aimer les enfants, sexuellement parlant, et à 6 ans ou 9 ans comme Aicha, on est encore qu'un enfant.

On dit du prophète de l'islam qu'il avait la vigueur de 30 hommes dans les rapports sexuels, et il était littéralement obsédé par le sexe. Il avait l'habitude de visiter toutes ses femmes au cours de tournées où il avait des rapports avec chacune d'entre elles.

Hadith Bukhary 265 : Anas a relaté : « Le prophète faisait la ronde habituelle de toutes ses épouses, au nombre de onze, en une heure le jour et la nuit. » À ce propos, j'ai interrogé Anas : « Le prophète avait-il assez de force pour cela ? » Anas a répondu : « Nous disions entre nous que le prophète avait reçu la virilité de 30 hommes. »

Le prophète était aussi, ce qu'on appelle un travesti, il portait des vêtements de femmes et se maquillait les yeux de khôl.

Mahomet a dit : « Les révélations (à savoir, le Coran) ne me viennent jamais quand je porte des vêtements de femme, sauf quand je porte les vêtements d'Aïcha » et aussi… Mahomet avait l'habitude de s'étendre sur son lit, portant les vêtements d'Aïcha. Sahih Muslim 2402.

Non, tout ce qui sort de la bouche de Muhammad n'est pas vérité absolue, attention. Il a dit de très nombreuses fois des bêtises et s'est trompé de nombreuses fois. Quelques fois où le prophète s'est trompé, a dit faux :

Al bukhari 4524, 3027 : Le prophète (sur lui la paix) a dit à Abu Dharr : « sais-tu où se couche ce soleil ? Il part se prosterner sous le Trône ».

Bien évidemment, le soleil ne va nulle part, on sait tous que le soleil est fixe et que la Terre tourne autour, le soleil lui ne va nulle part, il est immobile. Non, le soleil ne part pas se coucher sur le trône, la Terre a seulement effectué une rotation de 180 degrés.

Le prophète a dit, par exemple, que le séné guérissait toutes les maladies sauf la mort. Encore une fois, c'est faux. Le séné est bon pour la constipation car il permet d'évacuer les selles mais il est à utiliser de manière occasionnelle seulement, car il est extrêmement irritant pour les parois intestinales et le microbiote. Son utilisation peut être dangereuse si elle est fréquente. Et bien évidemment, elle ne soigne pas les maladies comme le cancer, l'arthrose, le diabète, les maladies infectieuses, ni les virus ; En vérité, le séné ne soigne aucune maladie, mais peut faire du bien à la santé de temps en temps, c'est vrai qu'on se sent un peu mieux après avoir utilisé du séné.

Muhammad a aussi dit que l'Ange Gabriel était l'ennemi des juifs (Sahih Bukhari). Alors que le concept même d'ange Gabriel a été créé par les juifs, il emprunte ce concept aux juifs et les accuse par la suite.

Ou encore que le premier repas qui vous sera servi au paradis (dont il donne des détails comme s'il y était allé, séjourné deux semaines dans un hôtel cinq étoiles, à se faire sucer la bite par les vierges magnifiques dont ils parlent), ce sera du foie de baleine. Hein ? Comment ? Vous avez bien entendu, ou plutôt lu, du foie de baleine (Sahih Bukhari). Bien évidemment, ce n'est pas vrai, ce serait complètement absurde et aberrant de le croire. Pourtant, certains le croient avec une ferveur incomparable. Aussi, selon lui (hadiths sahih bukhari), celui qui aura le pire des sorts, le pire des châtiments le jour du Jugement Dernier, attention, ce ne serait pas le meurtrier, le violeur, ou le voleur de grande envergure, mais bien celui qui fait des dessins d'êtres vivants, sur un tableau par exemple ou même sur un coussin brodé, comme dans une histoire connue où il se mit à rougir de colère et plus parler à cause d'un dessin. C'est une aberration totale, Dieu en principe est parfait et donc juste, il ne pourrait avoir un tel jugement illogique et insensé, à noter que le comportement et la pensée du prophète sont ici extrêmement puérils.

Il y a aussi une autre facette de la personnalité de Muhammad que les musulmans ignorent ou renient.

Muhammad était un artiste. D'un genre très spécial certes, mais artiste quand même. Dans les hadiths sahihs, il est écrit qu'il était le plus éloquent des Arabes, il a même dit « je suis le plus éloquent parmi vous les Arabes », et l'éloquence est un art, que l'on peut retrouver dans certaines sourates du Coran qui sont ni plus ni moins que de la poésie, assez bien composée d'ailleurs et belle il faut le dire. La poésie est un art, art dans lequel excelle Muhammad. De plus, il est aussi écrit dans les hadiths sahihs qu'il avait la plus belle des voix, et dans quel contexte dit-on que quelqu'un a une belle voix ? Le chant bien évidemment, ou bien moins, dans ce cas, la psalmodie car le coran est psalmodié à la manière d'un chant.

C'est bizarre, le prophète Muhammad était un artiste poète à la plus belle des voix, et pourtant l'islam condamne fermement toutes pratiques artistiques à tendance musicale (En dehors des « anasheed », chants religieux. Bien que le coran ne parle pas de musique, et donc ne l'interdit pas, il parle seulement des mauvais discours dans la poésie et des mauvais poètes, dans sourate Les poètes). Il y'a la une forme d'incohérence car le but ultime d'un musulman est de ressembler au prophète et de tout faire comme lui, car c'est la « sunnah ».

Le prophète est considéré comme un modèle de référence pour les musulmans, l'homme parfait sans erreurs. Le modèle à suivre au-dessus de tous les autres, et même que sa parole, c'est la parole de Dieu, quand il parle, c'est Dieu qui parle. Vous voyez l'immense aberration ? En vérité, ça va de soi, bien évidemment que le prophète n'est pas un modèle à suivre. Sur certains aspects, il avait de bons traits de comportement et a fait des bonnes actions. Mais d'un autre point de vue, il a aussi fait des choses très graves et insensées, des choses condamnable et blâmable même. Non, le prophète n'est pas « la meilleure de toutes les créatures », l'homme sans péchés, comme le crient tout haut les imams et les musulmans de bases qui ne connaissent ni leur religion ni leur prophète. Muhammad n'avait pas la vérité infuse comme le prétendent les musulmans qui l'ont pris pour Dieu, et c'est là d'ailleurs encore une fois le péché le plus grand de l'islam, le seul péché impardonnable, ce qu'ils appellent le « shirk », c'est-à-dire l'associationnisme, le fait d'associer quelqu'un ou quelque chose à Dieu. Concept incohérent d'ailleurs car la création est par nature associée à sa créature, c'est son œuvre dans laquelle il y a une partie de lui. Enfin bref, les musulmans baignent constamment dans les plus graves péchés de l'islam, on leur impose même, de gré ou de force. C'est une croyance, et si on dévie de cette croyance on est vite pris pour un mécréant qui blasphème ou un fou, et dans certains cas, ça peut aller de la persécution injuste à la peine de mort pour apostasie dans les pays musulmans. C'est littéralement de la dictature de la pensée, par la pensée. Et sachez que quand on contrôle la pensée, la croyance des gens, et bien on contrôle toute leurs vies.

Pour conclure ce bref chapitre sur le supposé autoproclamé « prophète », je dirais que sa réalité réside très loin de la pensée musulmane très superstitieuse et ignorante des faits réels. En effet, c'était un commerçant (qui était très doué d'ailleurs, une fois, pour le compte de sa future épouse Khadija il a vendu la marchandise d'une caravane deux fois son prix. Faut dire qu'il était beau parleur), puis plus tard, un chef de guerre et un fondateur de religion par la suite (du moins, selon la thèse officielle). Il n'est pas devenu prophète du jour au lendemain, choisi et élu par Dieu qui lui aurait révélé des versets magiques, comme le croient les musulmans. Non en réalité il est devenu « prophète » progressivement, à la suite d'un long parcours et cheminement et a commencé sa prétendue mission à l'âge de 40 ans, c'est à cet âge-là qu'il devient « prophète », si on peut dire. Il y a eu ensuite bien après sa mort tout un processus de mystification car sa personne a été mythifiée pour les besoins et objectifs de la secte.

Aussi, Muhammad a logiquement désiré, pensé et voulu être prophète, et c'est cela, ainsi que son désir, sa soif de réussite et de revanche sur la vie, qui a fait de lui ce qu'il était. Il a fini avec le pouvoir ultime, sur les gens, sur les choses, sur sa condition, sur les femmes aussi, surtout. Son amour pour les femmes, et concrètement, en d'autres termes, son appétit sexuel, sa soif et son désir de sexe avec les femmes, posséder la femme, des femmes même, plein de femmes ; l'a poussé indirectement à s'emparer du pouvoir, et par conséquent être un leader et une personne de pouvoir, car qui dit pouvoir dit aussi argent.

Ô, Mohamed, ô, Mahomet,
Es-tu gentil ? Es-tu méchant ?
Le bon Dieu t'aurait choisi mais,
Tu as tué beaucoup de gens,
Tu avais 12 femmes, dont une enfant,
Aïcha n'avait que 9 ans,
Quand avec elle tu couchais,
Ils disent que tu es sans péché,
Pourtant tu avais
Du sperme sur tes vêtements,
Ta tribu t'a bien persécuté,
Mais la roue a bien tourné,
Tu es devenu très puissant,
Beaucoup de sang a coulé,
Sous les coups d'épée tranchante,

La gorge des soi-disant mécréants,
Je me demande si c'était censé,
Je ne veux pas offenser,
Ni les musulmans ni les croyants,
Je ne suis ni le juge pour te juger,
Ni l'avocat pour prendre ta défense,
Ô, Mohamed, ô, Mahomet,
J'voudrais savoir qui tu es,
Pour savoir ce qui se passe,
À New York ou à Damas,
Il paraît que t'effaces les péchés,
Ta communauté est perchée,
C'est pas une foi c'est une race,
Est-ce donc ça que tu prêchais ?
Ah ! c'est donc cela la prophétie ?
Pourquoi t'es-tu comporté ainsi ?
Ton nom veut dire qui est gracié,
Sur un petit trône, tu t'es assis,
Et ton message est bien passé,
Ce n'était pas celui du Messie,
Lapidez les fornicatrices et
Condamnez à mort l'apostasie,
Coupez les mains des voleurs,
Avais-tu un cœur toi qui es sensé
Être miséricorde pour l'humanité,
C'est ce que le coran disait,
Tuez donc les associateurs,
Où que vous les trouverez,

Tu as régné par la peur,
Tu as régné par tes versets,
La charia n'est pas une justice,
Je te croyais love and peace,
Mais je me suis trompé,
Je te critique mais je suis ton fils,
Ceux qui croient en toi sont aveuglés,
Moi je te vois comme tu es,
Ô, Mohamed, ô, Mahomet,
J'voudrais savoir qui tu es,
Pour savoir ce qui se passe,
À New York ou à Damas,
Il paraît que t'effaces les péchés,
Ta communauté est perchée,
C'est pas une foi c'est une race,
Est-ce donc ça que tu prêchais ?
Je vous invite à méditer,
Sur ce fameux prophète,
Pour ne pas prendre perpétuité,
Dans la prison des mentalités,
Je vous le dis en fait,
Que couper toutes ces têtes,
Ce n'est vraiment pas la piété,
À pied ou sur une bicyclette,
Dirigez-vous vers la sainteté,
Ne soyez pas de ces entêtés,
Qui veulent tout faire sauter,
Au nom de leur satanée secte,

Satanée secte pleine d'insensés,
Qui vous conduit en enfer direct,
Le diable s'est habillé en jellaba,
Il diffuse sa haine ici et là-bas,
Alors, ne vous méprenez pas,
Ceux-là vous ont endoctrinés,
Pour mieux vous contrôler et
Faire de vous ce que vous ne voulez pas,
Ô, Mohamed, ô, Mahomet,
J'voudrais savoir qui tu es,
Pour savoir ce qui se passe,
À New York ou à Damas,
Il paraît que t'effaces les péchés,
Ta communauté est perchée,
C'est pas une foi c'est une race,
Est-ce donc ça que tu prêchais ?

La Kaaba, la Mecque, le pèlerinage

On ne peut pas faire un ouvrage de réfutation de la doctrine islamique sans parler de la Mecque, de la Kaaba et du pèlerinage, qui sont selon moi une imposture et une escroquerie sans pareille.

C'est un des piliers de l'islam qui est imposé au musulman, s'il en a les moyens, le musulman est obligé d'aller à la Mecque pour y pratiquer le pèlerinage, pour la modique somme de sept mille euros. Chaque année, plus d'un million de pratiquants y vont pour accomplir ce pilier de l'islam. Faites le calcul, ça fait énormément d'argent qui entre dans les caisses de l'Arabie Saoudite qui gère ce business. Il y a énormément de choses à dire sur ce pèlerinage, mais par question de sécurité personnel et par peur des représailles je ne vais pas tout vous dévoiler, je ne vais pas tout vous dire de ce que je sais à ce sujet.

Tout d'abord, il faut savoir que c'est à la base un culte païen pratiqué bien avant l'arrivée de l'islam, même le prophète Mohamed avant sa dite révélation l'a pratiqué, comme tous les autres polythéistes il a tourné 7 fois autour de la Kaaba et sacrifié une bête pour une idole du nom d'Al 'Uzza, une des trois filles de Allah-Houbal, divinité lunaire appelée en ce temps « le seigneur de la Kaaba ». Et les choses n'ont pas vraiment changé après l'arrivée de l'islam, on y tourne toujours 7 fois autour du cube (Kaaba veut dire cube en arabe, et pas « maison de Dieu » comme le pensent les musulmans qui l'appellent « Bayt Allah », ce qui, avec du recul, est un grand blasphème imposé par la doctrine. Dieu n'a pas besoin de maison, encore moins d'une toute petite baraque de douze mètres carrés, et c'est une erreur de croire qu'il vit dedans, erreur que font les musulmans.)

Selon la tradition, la Kaaba aurait été construite par Abraham et son fils qui aurait, encore une fois selon la doctrine islamique, habité la Mecque. Mais en vérité, il n'en est rien, Abraham et Ismaël n'ont jamais habité cette ville qui n'existait pas encore, et même, qui n'existait très probablement pas encore du temps du prophète Muhammad. Il n'y a aucune trace historique de La Mecque avant deux siècles après l'hégire (émigration de Muhammad à Médine) et l'Arabie Saoudite interdit formellement toutes recherches archéologiques, sûrement pour couvrir l'escroquerie et continuer à dépouiller les pratiquants de leurs sous…

On sait où ont vécu les deux patriarches grâce à la Bible, l'Ancien Testament qui raconte leurs voyages et leurs parcours ; La Bible est appelée dans le Coran : « Livre de lumière dans lequel il y a une guidance pour les gens », ou encore « Livre lumineux », et la lumière est le symbole de la connaissance alors jetons un œil à la Bible pour connaître la réalité des faits sur ce sujet. Abraham et Ismaël (père ancêtre des Arabes selon la tradition théologique) ont vécu aux pays de Canaan, actuelle région de Palestine, et également dans le désert de Paran, c'est-à-dire le Sinaï.

Je voudrais également parler du pèlerinage en soi, au Masjid Al Haram (ce terme me laisse perplexe car il a deux significations : Le temple sacré, mais il veut aussi dire le temple de l'illicite, de l'interdit, voire du péché ; la langue arabe est une langue qui prête à la confusion, car un mot de trois lettres sans voyelles peut avoir plein de significations qui parfois s'oppose, je pourrais vous donner pas mal d'exemples mais là n'est pas le sujet).

Si je vous parle de la double signification du terme « Masjid Al Haram », c'est parce que selon moi, c'est beaucoup plus un péché qu'une sacralité, on a rendu le profane sacré et le sacré profane. Premièrement, on y trouve le péché d'idolâtrie, très grand péché de l'islam. En effet, les musulmans se prosternent devant ce cube et l’adore, lui demandent même des faveurs par le biais de dou'a, invocations, et vont même jusqu’à s’entre-tuer parfois, juste pour la toucher car ils lui prêtent des « pouvoirs magiques » (notamment la pierre noire encastrée dedans, qui selon la tradition serait tombée du paradis et effacerait les péchés), ils se bousculent, se battent pour pouvoir la toucher, quitte à marcher littéralement sur d’autres frères, tombés ou morts d’asphyxie, bref. Dans leurs esprits, une idole est forcément une statue et le prophète aurait mis fin au culte des idoles, mais en vérité il n’en est rien, certes les idoles de la Kaaba ont été détruites mais on en a gardé une, la plus grosse : le cube. Quelle que soit la forme de l’idole, qu’elle soit ronde, rectangulaire, à forme humaine, ou cubique, ça n’en reste pas moins une idole.

De plus, ce cube est appelé Maison de Dieu et dans la croyance musulmane, Allah y résiderait. Avec du recul, on se rend compte que c’est à la fois un blasphème et à la fois, encore une fois, le péché le plus grave de l’islam : associationnisme, le « shirk », car on associe quelque chose à Dieu. Et puis surtout, c’est à la base la maison de Houbal, seigneur de la Kaaba à l’époque préislamique, et pas celle de Dieu.

Il faut aussi parler de la Mecque en soi, la vraie, pas le décor de cinéma saoudien ; et notamment de sa position géographique. Pour cela, je vous renvoie à un ouvrage fort bien intéressant de Dan Gibson, du nom de Coranic Geography. Il a longuement étudié le coran et les hadiths, ainsi que des documents historiques et s'est rendu compte que la description de la Mecque qui en est faite ne correspond pas du tout avec la version officielle. Effectivement, la Mecque y est décrite comme étant une vallée (celle d'Arabie Saoudite n'est pas une vallée) pleine de verdure dans laquelle broutent des troupeaux de bêtes. Je vous conseille vraiment cet ouvrage, qui malheureusement n'est disponible qu'en anglais ; Il a énormément d'arguments qui tendent à démontrer que la Mecque Saoudienne n'est pas la vraie, celle où vécut Muhammad. Dan Gibson en vient à la conclusion que ladite cité serait en réalité Pétra en actuelle Jordanie.

Cependant, je ne suis pas vraiment d'accord avec cette conclusion car le Coran parle de Pétra dans une sourate, qui parle d'une cité du nom d'Al Hijar (la pierre en arabe, Pétra veut dire la pierre en Latin) où les habitants creusaient des habitations dans la roche exactement comme dans la cité antique Jordanienne. Le Coran dit que cette ville a été détruite pour ne pas avoir cru, pour son incrédulité.

Selon moi, la vraie Mecque se trouve au Liban dans la vallée de Bakka, car c'est écrit noir sur blanc dans le Coran. La Mecque est appelée Bakka ou vallée de Bakka en sourate 48 verset 24 et en sourate 3 verset 93. Or, la vallée de Bakka se situe au Liban (la ville la plus grande de cette zone est Baalbek, et on y trouve non loin un petit hameau du nom de Meknah, très proche de la fameuse Mekkah tant chérie des musulmans). Baalbek et Meknah corresponde beaucoup plus à la description de la Mecque faite par le coran et les hadiths, que la cité Saoudienne où se déroule le pèlerinage.

La loi islamique, la chari'a

On ne peut pas parler d'islam sans parler de la charia, car l'islam, plus qu'une foi, c'est une législation bien définie avec tout un tas de lois. Et quelles lois profondément injustes et cruelles ! Ces lois font des pays musulmans des terres de grandes injustices. Par exemple, en Arabie Saoudite on est condamné à mort pour 500 grammes de cannabis, c'est déjà arrivé plusieurs fois.

On est à l'opposé des 99 attributs divins que sont la clémence, la miséricorde et le pardon (Dieu est en islam « Ar rahman, Ar rahim, Al ghafur, Al Hakim », en théorie, mais en pratique il n'en est rien) ; Et aussi à l'opposé de la doctrine du Messie, Messie que l'islam accapare en affirmant sans connaissance de cause qu'il est un de ses prophètes. Les musulmans prétendent croire en Jésus mais c'est totalement faux, car la doctrine islamique et notamment la charia s'oppose violemment à ses enseignements et ses actes.

Par exemple, pour le cas de la fornication ou de l'adultère ; la loi en vigueur est la lapidation à mort ou bien au mieux la flagellation par 100 coups de fouet, ou de lourdes peines de prison dans certains pays musulmans. Et l'on sait que le Christ a défendu, protégé, sauvé une femme adultère sur le point de se faire lapider, en s'interposant entre elle et ses assaillants, et en prononçant cette fameuse réplique : « Que celui qui n'a jamais péché lui jette la première pierre ». Ça, c'est de la miséricorde, de la clémence, du pardon et de la sagesse. Il faut préciser également que ces lois qu'appliquait le prophète ne s'appliquent pas sur lui, lui qui était littéralement obsédé par le sexe et avait de nombreuses partenaires et esclaves sexuelles. Et pourtant, les relations sexuelles en dehors du mariage sont formellement interdites et condamnées très sévèrement.

Pour ce qui est du vol, on coupe la main, quel que soit le montant du vol, que ce soit pour avoir volé des millions ou une pomme pour calmer sa faim, la loi en vigueur est de couper la main. Vous appelez ça de la justice ? C'est tout le contraire de la justice.

Pour ce qui est de l'homosexualité, c'est la peine de mort ou dans le meilleur des cas un lynchage collectif, tabassé dans la rue par la foule et jeté en prison. Mais quel mal, quel crime ont-ils commis ? Ils n'ont en réalité pas choisi d'être ce qu'ils sont, c'est la nature qui en a voulu ainsi. Et il y a une grande hypocrisie à ce sujet, car on sait aujourd'hui grâce à des études, notamment la psychanalyse et l'échelle de Kinsey, que personne n'est à 100 % hétérosexuel ou homosexuel, et que tout le monde est plus ou moins bisexuel à la naissance. Mais bon, tout cela est tabou et c'est très difficile d'en parler, même en 2022, alors je n'en dirai pas plus…

Également, l'islam, c'est la loi du talion, œil pour œil, dent pour dent, par exemple : si le frère du musulman est frappé ou tué, son devoir est de frapper ou tuer le frère de l'agresseur. Et ça marche avec tout. On est bien loin du fameux « Pardonne-nous nos offenses comme nous pardonnons à ceux qui nous ont offensés » de la prière chrétienne, et aussi du message de paix et d'amour, de pardon de Jésus Christ.

Pour le musulman moyen, lambda, ces lois viendraient de Dieu et seraient la Parole de Dieu même. Mais en vérité, je vous le dis, il n'en est rien. C'est en fait la loi du Talmud arabisé et adapté aux peuples arabes (loi orale de Moïse, interprétée par les rabbins, ou loi rabbinique plutôt, que Muhammad connaissait très bien car il a longtemps fréquenté des rabbins auprès desquels il a beaucoup appris au sujet de la Thora et de la « loi de Dieu »). Le Messie Jésus est venu pour abolir cette loi profondément injuste et cruelle.

Je ne vous parle pas de tous ces interdits qui privent les musulmans de leurs libertés de penser et d'agir. Interdit d'écouter de la musique, de dessiner, de boire un peu d'alcool (bien que l'alcool soit nocif pour la santé et je ne le recommande pas), de faire l'amour avec celle ou celui qu'on aime, et j'en passe. L'islam nous prive des plus belles choses de la vie…

Conclusion

L'islam est un mensonge sans pareil dans l'histoire. C'est une religion totalement incohérente et liberticide. Je pense qu'il n'y a pas « d'islam radical ou modéré », mais que l'islam est radical en soi, si on le pratique comme il se doit. Et le pire, c'est qu'on est condamné à mort si l'on quitte cette secte, ça fait partie de la loi de la charia car le prophète aurait dit : Celui qui quitte la communauté, tuez-le. C'est une véritable dictature de la pensée, une prison de l'esprit, en plus d'être de l'endoctrinement et un totalitarisme sans pareil. De par mon vécu personnel et mon expérience au sein de la communauté musulmane, je me suis rendu compte que cette religion est un frein, un obstacle sérieux à la réussite (aussi bien pour l'ici-bas que pour l'au-delà, l'éventuel paradis dont ils parlent tant, mais qui s'éloigne de plus en plus lorsqu'on se rapproche de cette religion), un obstacle sérieux à l'émancipation et au bonheur.

De plus, c'est une pensée complètement archaïque et obsolète qui n'est vraiment pas adaptée au monde moderne ; Car quand on pratique l'islam, on vit et on pense comme dans l'Antiquité, comme il y a 1400 ans. On pourrait croire que, comme cette religion est arrivée 500 ans après le Christianisme, elle est un progrès, mais en réalité il n'en est rien, c'est une régression totale à tous les niveaux. La pensée chrétienne est bien plus compatible avec le monde moderne dans lequel nous vivons.

Mon but, mon objectif à travers cet ouvrage n'est pas de dénigrer l'islam ou d'inciter les gens à détester cette secte (oui, j'emploie le mot secte, car les religions sont des sectes qui ont réussi et que le mot secte veut dire par définition « la voie à suivre »). Non, mon but est de contribuer à fonder un nouvel islam, un islam cohérent, sensé, moderne. Comment ? Par le Christ, Al Massih et son message de progrès, les musulmans sont un peu comme les juifs d'il y a 2000 mille ans au niveau des croyances, des coutumes, des traditions, et surtout de la pensée. Le monde musulman a vraiment besoin d'un petit Jésus qui puisse changer les choses, apporter le progrès, et régler tous les problèmes qu'engendre cette religion. C'est pourquoi j'invite tous les musulmans à lire les évangiles et à apprendre des choses sur la chrétienté, cela pourrait leur apporter énormément, aussi bien sur le plan personnel que collectif.

Mes frères musulmans, j'espère de tout mon cœur que ce petit ouvrage vous a fait ouvrir les yeux et prendre conscience des choses. Je l'ai écrit non pas pour vous faire du mal mais pour vous aider à progresser dans vos vies. Sachez que malgré tout, je vous aime de mon cœur.

Assalama'leikoum.

Table des matières

Imprimé en Allemagne
Achevé d'imprimer en juillet 2022
Dépôt légal : juillet 2022

Pour

Le Lys Bleu Éditions
40, rue du Louvre
75001 Paris

www.ingramcontent.com/pod-product-compliance
Lightning Source LLC
LaVergne TN
LVHW050345160826
845677LV00014B/3803
* 9 7 9 1 0 3 7 7 6 7 2 7 1 *